El Abencerraje

European Masterpieces
Cervantes & Co. Spanish Classics Nº 22

El Abencerraje

Edited and with notes by
MARK GROUNDLAND
Tennessee Technological University

The historic map of Antequera (p. 32) is adapted from *Civitates Orbis Terrarum* II₄, 1575; the photograph of Álora is from the Internet site at www.andaluciavacation.com; and the photograph of Granada (p. 40) is from the publisher's collection.

FIRST EDITION

MANUFACTURED IN THE UNITED STATES OF AMERICA

ISBN 1-58977-033-1

Table of Contents

For my students

Acknowledgments

My family, students, and valued colleagues all contributed to the completion of this edition in one way or another. My wife, Luisa Elena, and my son, Alexander, bring me inexpressible joy that inspires me to be a better person in all aspects of my life. My parents, Martin and Jane, have instilled in me the importance of perseverance and a strong work ethic, invaluable qualities that were necessary to complete this project. I have fond memories of my former students from North Carolina A&T State University that read *El Abencerraje* with me in a Survey of Spanish Literature course. We used López Estrada's incomparable Cátedra edition. I owe a debt of gratitude to my current undergraduate students at Tennessee Tech University in my Introduction to the Literature of Spain course for providing me with helpful suggestions and comments on this edition of *El Abencerraje*. They are Jan Grissom, Hannah Holland, Jon Mahan, Lindsey McEwen, Juan Carlos Rebaza Lozano, Delayne Sebastian, Gale Turley, and Jacob Waggoner. I would like to thank my esteemed colleague at Tennessee Tech, Dr. Heidemarie Weidner, for graciously proofing the introduction to this edition. Finally, I would like to express my appreciation for Dr. Thomas Lathrop, editor of the Cervantes and Co. Spanish Classics Series and also my first teacher of *Don Quijote de la Mancha*, for not only accepting my proposal to edit this short literary masterpiece, but also for taking an active interest in my career as a Hispanist.

Introduction to Students

IN A LETTER TO a friend dated March 29, 1825, Washington Irving described his passion for Spanish literature in the following manner:

> I do not know of any thing that delights me more than the old Spanish literature. You will find some splendid histories in the language and then its poetry is full of animation, pathos, humour, beauty, sublimity. The old literature of Spain partakes of the character of its history & its people: there is an oriental splendour about it. The mixture of Arabic fervour magnificence & romance with old Castilian pride and punctilio; the chivalrous heroism; the immaculate virtue; the sublimated notions of honour & courtesy all contrast finely with the Sensual amours; (108)[1]

Although the renowned author of "Rip Van Winkle" and "The Legend of Sleepy Hollow" was not describing *El Abencerraje* specifically, he certainly could have been, for the

---

[1] Cited in Washington Irving, *Letters Volume II, 1823-1838* (Boston: Twayne, 1979).

attractive exoticism he found in Spain's history and literature
is one of the reasons for the Moorish novel's popularity. *El
Abencerraje*, an anonymous, sixteenth-century tale, describes
the relationship between a gallant Moor and a heroic Christian that develops toward the end of the *reconquista*. The
story progresses from their initial encounter as enemies on
the battlefield to their vow to remain eternal friends in the
end. The brevity of this masterpiece of Spanish literature
should not detract from its importance as the first *novela
morisca* or Moorish novel and as a literary artifact of Spanish
history. The following introductory pages are meant to
provide background knowledge necessary to understand the
nuances of the text. It does not propose original scholarship,
but rather is a general introduction to *El Abencerraje* and the
historical and literary contexts in which it was produced.

Versions

There are four versions of *El Abencerraje*. The first known
copy, given the general title *Corónica*, was printed in Toledo
in 1561. A closely related version entitled *Parte de la Corónica
del ínclito infante don Fernando* exists, but time and place of
publication are unknown. Both of these versions are incomplete. A more complete version of *El Abencerraje* was interpolated into Jorge de Montemayor's pastoral novel *Los siete
libros de la Diana* (1561). Antonio de Villegas included the
fourth and most complete version of the Moorish novel
among the different literary works found in his miscellany *El*

inventario (1565).[2]

Each of the aforementioned versions contributes something to the better understanding of the text, specifically speaking, the historical context in which it was produced and how it was disseminated to Spanish readers and those living in other countries. Although the *Corónica* is considered to be lacking in literary quality and incomplete, its corresponding version, *Parte de la Corónica*, the only one printed alone, does contain a noteworthy *dedicatoria* to an Aragonese nobleman, Jerónimo Jiménez de Embún. Critics have noted the importance of this dedication because the nobleman was Baron of Bárboles and Huitura, both towns located near Zaragoza. Bárboles was heavily populated by Moriscos (forcibly converted Spanish Muslims to Christianity) and hence, many have considered the friendly relationship between the Christian and the Moor in the story as a plea for tolerance in contemporary sixteenth-century Spain. The version found in Montemayor's *Diana* is more complete than that of the *Corónica*. In fact, the widespread dissemination of *El Abencerraje* in Spain and abroad is due in large part to the popularity of Montemayor's pastoral novel. The version found in Villegas' *El inventario* is the most complete and of the highest literary caliber of the three main versions of *El Abencerraje*. As such, it is this version that will be used as the basis for this edition.

---

[2] All of these versions can be found in Francisco López Estrada, *El Abencerraje y la Hermosa Jarifa: Cuatro textos y su estudio* (Madrid: Revistas de Archivos, Bibliotecas y Museos, 1957).

Historical Context

Two historical contexts are important to *El Abencerraje*: the last stage of the Christian *reconquista* and the mid-sixteenth century, the time when the work was printed. The relationship between Christians and Moors in the medieval period was markedly different than the contact between their descendants after 1492.

In 711 the Moors were a colonizing force, entering Spain from the south and conquering most of the Iberian Peninsula from the Christian Visigoths in only seven years. A small group of these Christians took refuge in the mountainous region of Asturias, and it is from there they began the Christian reconquest or *reconquista*, an enterprise that would take over seven hundred years to complete.

The identities of both the Christians and the Moors were marked by their religious faiths. The motivation of each group was to conquer or re-conquer land in the name of their respective religions. The inspirational cries in battle are indicative of their religious zeal. The Christians would shout out the name of *Santiago* (Saint James), also known as *Matamoros* (the Moor Slayer), while the Moors would call out for *Mahoma* (Mohammed), for inspiration against their foes.

Not withstanding the religious differences between the Christians and the Moors, the division between these groups and the loyalties to their own people were not always clear. It was not uncommon for Christians and Moors to fight together against either Christian or Moorish enemies. One reason for this was the allegiance defeated Moorish kings pledged to their Christian victors, as well as a *paria* or tribute paid to the Christian King for protection. This is the context for the beginning of *El cantar de mío Cid* and the ultimate cause for Ruy Díaz de Vivar's banishment from Alfonso VI's kingdom. The King had sent his vassal to collect the tribute from his Moorish ally, Almutamiz, King of Seville. When the King of Granada, another Moor, ordered an attack on Seville, it was the Cid's duty to protect Seville. Motivated by greed, several powerful Christian noblemen (*ricos hombres*) fought with the Granadan forces and the Cid was forced to fight these prominent Christians who also belonged to Alfonso VI's court! The Cid successfully defended Seville on behalf of his King. In the process, he fought a noble and powerful Christian, don García Ordóñez, in battle and ripped off part of his beard, a terrible insult at that time. Even though the Cid allowed his influential Christian prisoners to go free after three days, they felt so dishonored that they decided to avenge their capture and embarrassment by telling lies to Alfonso VI about Ruy Díaz de Vivar's disloyalty to him. The King banished his most loyal vassal from his kingdom soon thereafter.[3]

As can be seen from the example above, the relationship between Moors and Christians during the *reconquista* is a complex one, evolving through time and also differing

---

[3] Another example of the complex relations between Christians and Moors can be found in Colin Smith, *Christians and Moors in Spain (Volume II: 1195-1614)* (Warminster: Aris and Phillips, 1989) 86-91. In a section titled "Christian and Infidel in Alliance (1309)," Smith provides a historical text of an alliance between the King of Aragon and the Sultan of Morocco.

according to region. The English historian L. P. Harvey has asserted that the defeated Moors had two options: surrender and become Mudejars (practicing Muslims within Christian territory) or resist the Christians and be expelled, most likely to the Kingdom of Granada (*Islamic Spain, 1250 to 1500* 12). This Moorish territory was the last place for Moors to live as Muslims in Spain. The frontier (*frontera*) between the Kingdoms of Granada and Castile (Christian territory) was often used to showcase the fighting abilities of Christians and Moors alike. It is this space in the early fifteenth century that serves as the setting for *El Abencerraje*.

When Granada fell in 1492 to the Catholic Monarchs, afterwards, the Moors were still allowed to practice Islam for several years; they were technically Mudejars. This concession would soon be broken, however, with the desire to see Spain as a unified Christian state that encompassed not only the peninsula, but Spain's overseas colonies as well. It must be understood that the Mudejars, and later the Moriscos, were not homogeneous groups; they differed greatly depending on region and time period. Two such different groups were the Moriscos of Granada and those of Aragon.

In 1499, the Archbishop of Granada, Fray Francisco Jiménez de Cisneros, began to force large groups of Granadan Mudejars to convert to Christianity. According to the historian Robert I. Burns, "the Moriscos were simply the Mudejars gone from the frying pan of a colonial existence into the fire of pseudo-conversion with its savage penalties"

(53).[4] All Mudejars living in Castile, including Granada, were forced to convert to Christianity in 1501 or leave the Peninsula. As their religious conversion was forced, many Moriscos continued to practice Islam in the privacy of their homes. The Moriscos' Islamic identity was still clearly visible in their everyday lives, however, and this consequently prompted a series of official decrees prohibiting such cultural practices as bathing in their public baths, dancing, dressing in Moorish clothing, and speaking in Arabic. These and other prohibitions led the Granadan Moriscos to rebel on two occasions: the first in 1499 and the second in the prolonged conflict known as the Alpujarras rebellion that lasted from 1568 to 1570.

The Moriscos of Aragon, on the other hand, were valuable agricultural workers and, as such, were protected by their masters, the Aragonese nobility. This very difference concerning the Aragonese Moriscos may be one of the reasons for the plea for tolerance between Moors and Christians and, by extension, between Moriscos and Old Christians presumably found in *El Abencerraje*.

After the Alpujarras rebellion, the Granadan Moriscos were expelled from Granada and dispersed throughout the Peninsula, increasing the general nervousness felt toward this group. The Moriscos' racial heritage, questionable religious faith, their suspected complicity with Spain's enemies, and their overall difference from Old Christians

---

[4] It is fascinating to consider that the Moors were powerful colonizers, yet the Moriscos, centuries later, lived a colonial existence.

made it eventually impossible for this group to continue living in Spain. They were gradually expelled from Spain by official decrees from 1609 to 1614.

HISTORICITY

El Abencerraje clearly situates the action at the beginning of the fifteenth century, toward the end of the Christian reconquest. It mentions how Prince Fernando (who will eventually become King Fernando I of Aragón) captured the town of Antequera with the help of a brave Christian knight, Rodrigo de Narváez. This truly happened in 1410, and for his bravery Rodrigo became the military governor of Antequera soon thereafter. The other towns mentioned in the Moorish novel were important frontier towns located in southern Spain. Antequera, Álora, and Coín form almost a straight line, with Antequera being the northern-most town, Álora in the middle, and Coín being the southern most. All are west of Granada. Cártama, the other town mentioned in *El Abencerraje*, is east of Coín, between Coín and Granada. These towns were clearly on the frontier between the Christian and Moorish territories and Christians and Moors had frequent contact in these areas. One should not forget that the Christians and Moors were traditional enemies. Yet, according to Carrasco Urgoiti, it was common to admire the physical prowess and military skill of the other in this frontier space (*The Moorish Novel* 25). Hence, it is not strange that the Christian warriors should admire the powerful and gallant Moor in *El Abencerraje*, even in defeat. As the story progresses, the reader learns that this admirable Moor belongs to the Abencerraje clan.

The Abencerrajes were a prominent Moorish family of noblemen who served the Kings of Granada in their courts. They were considered to be an elite group who excelled in arms, courtly demeanor (such as singing and manner of dress), and their devout love for their ladies. In the Moorish novel, Abindarráez tells the story of the downfall of his family at the hands of the King. Francisco López Estrada has noted two important historical executions of members of the Abencerraje clan, one in 1462 and another in 1482. He concludes that the story does not specify which incident inspired the version found in the Moorish novel, but rather its general mention was meant to evoke the tragedy in this important Moorish family, giving additional sympathy to Abindarráez.[5] As for the noble Moor, no historical Abinda-rráez can be found, just his famous family.

There are also historical inconsistencies in *El Abencerraje*. The historical Rodrigo de Narváez truly was the *alcaide* of Antequera, though he could not have been the military governor of Álora. He died in 1424 and Álora was not taken from the Moors until 1484. It has also been mentioned that the dedication to an Aragonese lord with many Morisco vassals, found in the *Parte de la corónica* version, may have meant the story to be read as a message of tolerance toward the descendants of the Moors in the sixteenth century. Yet

---

[5] See note 21 in Francisco López Estrada, *El Abencerraje (Novela y romancero)* (Madrid: Cátedra, 1997) 140.

Claudio Guillén has rejected this hypothesis, stating that the noble Moor in *El Abencerraje* was meant to be "a forceful contrast with the historical present" ("Literature as Historical Contradiction" 170). The Moriscos, in other words, were not seen or meant to be portrayed as noble, chivalrous Moors. Rather, they were commonly considered as religious deviants who never truly converted to Christianity and who were feared by many due to their possible complicit behavior with Spain's enemies. The presence of these historical contradictions within this Spanish masterpiece is indicative of the complex relationship between the Christians and the Moors and, by extension, between Old Christians and Moriscos.

LITERARINESS

David Darst has argued that too much importance has been placed on *El Abencerraje*'s historical content and not enough on its literariness.[6] The Moorish novel, like all literary works, borrows aspects of form and content from different literary and textual predecessors. *El Abencerraje*'s brevity was probably influenced by the Italian short story. Additionally, the tale of Narváez' love has also been linked to a particular Italian novella found in Giovanni's *Il Pecorone*.[7] The Spanish medieval short stories (*exempla*) can also be seen as influenc-

---

[6] See David Darst, "The Literariness of *El Abencerraje*" *Estudios sobre el siglo de oro en homenaje a Raymond R. MacCurdy*, eds. Angel González, Tamara Holzapfel, Alfred Rodríguez (Madrid: Cátedra, 1983) 265-73.

[7] For more information on the Italian influence of this interpolated tale, see J. P. Wickersham Crawford, "Un episodio de *El Abencerraje* y una *Novella* de Ser Giovanni," *Revista de Filología Española* 10 (1923) 281-87.

ing the Moorish novel in question. The description of a heroic figure like Rodrigo de Narváez was common in fifteenth-century biographies and, in fact, the historical Rodrigo de Narváez was portrayed in the *Crónica de Juan II*. The Chronicles (*crónicas*) and the ballad tradition (*romancero*) both contributed to the vivid descriptions of the frontier between Christian and Moorish lands, as well as to portrayals of the contact between these two groups in this space. The ballads in particular contained exotic descriptions of the physical presence of the Moors, such as his clothing, armament, and appearance. The books of chivalry (*libros de caballerías*) also influenced the Moorish novel. Granted, *El Abencerraje* is much shorter and does not contain the supernatural elements or fantastical beings found in such *libros de caballerías* as *Amadís de Gaula*. The Moorish novel, though, does share certain characteristics with the books of chivalry, such as detailed descriptions of battles, an idealized love for a lady, a chivalrous or rather two chivalrous characters, and a secret wedding ceremony between Abindarráez and Jarifa. All of these literary predecessors helped shape both the form and content of *El Abencerraje*.

In addition to the literary influences mentioned above, *El Abencerraje* also benefited from the classical influences of Seneca, Plato, and Ovid. The philosopher and playwright Lucius Annaeus Seneca (3B.C.-65A.D.) lived in the Iberian Peninsula during the time when it was ruled by the Romans. Seneca's influence in the Moorish novel is evident in the following concepts: that the victor should treat a defeated

enemy humanely; that man should be able to conquer his
own desires; and that man must do more than act to achieve
eternal fame.[8] The expressions of love between Abindarráez
and Jarifa certainly contain some aspects of Platonic love.
Finally, the anonymous author was clearly influenced by
Ovid, especially in the scene when Abindarráez was wres-
tling with his feeling for Jarifa, as well as the mythological
allusion to Salmacis and Hermaphrodite found in Book IV of
Ovid's *Metamorphoses*. In short, to create the first Moorish
novel, the author of *El Abencerraje* clearly relied on previous
literary trends and forms.

LITERARY INFLUENCE

In *El Abencerraje*, the figure of the chivalrous Moor uses his
strengths and noble character to overcome obstacles between
him and his lady, Jarifa. This story has served to inspire the
creation of the Moorish novel as a genre in sixteenth- and
seventeenth-century Spanish literature and beyond. Ginés
Pérez de Hita, for example, wrote a popular Moorish novel
entitled *Guerras civiles de Granada* in two parts, Part One in
1591 and Part Two in 1619. Part One was also titled *La
historia de los vandos de los Zegríes y los Abencerrages*. Mateo
Alemán inserted his own Moorish tale, "Ozmín y Daraja," in
his picaresque novel, *Guzmán de Alfarache* (1599). Not only
did *El Abencerraje* stimulate the writing of subsequent
Moorish novels, but it also sparked the imaginations of

---

[8] For more information on the influence of Seneca in *El Abencerraje*, see
Carrasco Urgoiti, *The Moorish Novel* 66, 71, 158, López Estrada *Cuatro textos* 188-
89, Gimeno Casalduero 14-15, Keller 17-23.

writers to include gallant Moors in other genres as well. The figure of the Abencerraje inspired the most brilliant literary minds of the sixteenth and seventeenth centuries. Cervantes, for instance, had Don Quijote pretend to be a defeated Abindarráez upon returning from his first sally. Lope de Vega, too, was inspired by the Moorish novel and wrote his own theatrical adaptation of it, called *El remedio en la desdicha* (1620).

In addition to inspiring writers in Spain, *El Abencerraje* also helped popularize the Moorish novel as a genre in other countries. In France, Chateaubriand wrote *Les aventures du dernier Abencérage* (1826). As noted in the preliminary paragraph of this introduction, the American writer Washington Irving was highly impressed with Spanish literature and his *Chronicle of the Conquest of Granada* (1829) and *The Alhambra* (1832) were both inspired by Moorish novels such as *El Abencerraje* and Pérez de Hita's *Guerras civiles de Granada*. Chateaubriand and Irving are but two examples of many writers who have been influenced by the Moorish novel. Today, one can still see the exoticism perpetuated in large part by the Moorish novels in modern Spanish festivals called "Moros y cristianos," in which towns host picturesque reenactments of battles between Christians and Moors in the context of the *reconquista*.[9]

---

[9] For more information on these festivals, search for "moros y cristianos" on the internet.

Language Notes

The sixteenth-century Spanish language of *El Abencerraje* is somewhat different from the Spanish of today. To help preserve the novel's flavor, I keep much of the Spanish in its original form. For example, I maintain the letter "ç" (c with cedilla), which today would be a "z." Hence, I leave "esfuer-ço" as is, instead of modifying it to its modern form "esfuer-zo." I modernized only those differences in spelling that did not affect pronunciation. Some examples of these spelling adjustments from *El Abencerraje* include:

b → v as in *bolvio* to *volvió,*

ee → e as in *fee* to *fe,*

ff → f as in *offensa* to *ofensa,*

g → j as in *agenas* to *ajenas* and *gages* to *gajes,*

ll → l as in *illustrar* to *ilustrar,*

m → n as in *combida* to *convida* and *emviome* to *me envió,*

q → c as in *qualquier* to *cualquier* and *quanto* to *cuanto,*

ss → s as in *necessidad* to *necesidad* and *passado* to *pasado,*

v → b as in *cavallero* to *caballero* and *aventurava* to *aventuraba,*

x → j as in *Xarifa* to *Jarifa* and *dexaron* to *dejaron,*

y → i as in *alcayde* to *alcaide* and *soys* to *sois,* and

z → c as in *dize* to *dice* and *hazer* to *hacer.*

I also included the "h" in those sixteenth-century words that excluded it. For example, the word "aora" in *El Abencerraje* has been modernized to "ahora." Finally, I added the accents where needed.

The following examples include spellings that were left in their original form. I provide their modern equivalents for comparison:

bj → j as in *subjecto* to *sujeto,*
ct → t as in *subjecto* to *sujeto* and *delicto* to *delito,*
o → u as in *sospiro* to *suspiro,*
p → u as is *captivo* to *cautivo,*
pr → p as in *proprias* to *propias,*
pt → t as in *escriptos* to *escritos,* and
sc → c as in *resplandesce* to *replandece* and *nascido* to *nacido.*

Like spelling, aspects of sixteenth-century grammar also slightly differ from today's Spanish language. The differences in grammar are easily overcome when learning the following points:

1. When pronouns beginning with "l" were attached to infinitives, they were often written with "ll" instead of "rl," "ganalla" instead of today's "ganarla."
2. Also, it was common to switch the order of the consonant "d" with the consonant "l" as in the sixteenth-century command, "fialde," instead of today's "fiadle" or "tenelde" instead of "tenedle."
3. The modern future tense forms that show an inserted -*d*- (such as *pondré* and *tendré*) were handled differently in the older language. The infinitive's ending vowel fell and

the neighboring consonants switched places: *teneré* →
tenré → *terné; poneré* → *ponré* → *porné.*

4. It was also common to attach an "s" to the second person
   singular of the preterite tense in the sixteenth century,
   for example "escogistes" and "fuystes," would today be
   written as "escogiste" and "fuiste."

5. Throughout *El Abencerraje* one finds the archaic use of the
   auxiliary *haber* to express the future. This of course has
   evolved into the future tense as seen in the following
   examples:

> *hablaros he* → *os hablaré,*
> *matarte he* → *te mataré,* and
> *contaros he* → *os contaré.*

6. From the previous examples it is also clear that in
   sixteenth-century Spanish the pronouns were often
   attached to the verbs, in any verb tense. Some examples
   include:

> *embiole* → *le envió,*
> *suplicote* → *te suplico,* and
> *acordavasele* → *se le acordaba.*

This introduction has only begun to engage the possible
topics that can and will emerge from your careful reading of
the text. If there is a topic not present in the introduction that
needs introducing, or a word or phrase that is unclear, please

e-mail your comments to <u>mgroundland@tntech.edu</u>. I look forward to hearing from you.

M.G.
Cookeville, TN
April 1, 2006

Selected Bibliography

PRIMARY SOURCES

El Abencerraje. Eds. N. B. Adams and Gretchen Todd Starck. Chicago, New York, and Boston: Sanborn and Co., 1927.

Lazarillo de Tormes and El Abencerraje. Ed. Claudio Guillén. New York: Dell, 1966.

El Abencerraje y la hermosa Jarifa: Cuatro textos y su estudio. Ed. Francisco López Estrada. Madrid: Revista de Archivos, Bibliotecas y Museos, 1957.

El Abencerraje (Novela y romancero). Ed. Francisco López Estrada. Madrid: Cátedra, 1997.

Antonio Villegas' El Abencerraje. Eds. John E. Keller and Francisco López Estrada. Chapel Hill: U of North Carolina P, 1964.

El Abencerraje de Antonio de Villegas 1565 *Biblioteca Virtual Miguel de Cervantes*. <http://www.cervantesvirtual.com/servlet/SirveObras/ 01593296657815986322257/ index. htm>

"El Abencerraje." *Sendas literarias: España*. Ed. David H. Darst. New York: Random House, 1988. 45-64.

SECONDARY SOURCES

Avilés, Luis R. "Los suspiros del Abencerraje." *Hispanic Review* 71.4 (Autumn 2003): 453-72.

Bass, Laura. "Homosocial Bonds and Desire in the *Abencerraje*." *Revista de estudios canadienses hispánicos* 24.3 (Primavera 2000): 453-71.

Bataillon, Marcel. "Salamacis y Trocho en *El Abencerraje*." *Varia lección de clásicos españoles*. Madrid: Gredos, 1964. 27-38.

Burns, Robert I. "The Changing Face of Muslim Spain: Mudejar Foundations of the Morisco Tragedy." *Annuario Medieval* 4 (1992): 49-68.

Burshatin, Israel. "Power, Discourse, and Metaphor in the *Abencerraje*." *Modern Language Notes* 99.2 (March 1984): 195-213.

Carrasco Urgoiti, María Soledad. *El moro de Granada en la literatura (Del siglo XV al XIX)*. Madrid: Revista del Occidente, 1956.

———. *The Moorish Novel: "El Abencerraje" and Pérez de Hita*. Boston: Twayne, 1976.

Cirot, Georges. "L' Histoire de l' Abencerraje." *Bulletin Hispanique* 40 (1938): 281-96.

Crawford, J. P. Wickersham. "Un episodio de *El Abencerraje* y una Novella de Ser Giovanni." *Revista de filología española* 10 (1923): 281-87.

Darst, David. "The Literariness of *El Abencerraje*." *Estudios sobre el siglo de oro en homenaje a Raymond R. MacCurdy*. Eds. Angel González, Tamara Holzapfel, Alfred Rodríguez. Madrid: Cátedra, 1983. 265-73.

Gaylord, Mary M. "Spanish Renaissance Conquests and the Retroping of Identity." *Journal of Hispanic Philology* 16.2 (Winter 1992): 125-36.

Gimeno Casalduero, Joaquín. "*El Abencerraje y la hermosa Jarifa*: Composición y Significado." *Nueva revista de filología hispánica* 21.1 (1972): 1-22.

González, Eloy R. "Metáfora y simetría en el prólogo de *El Abencerraje*." *Explicación de textos literarios* 5.1 (1976): 35-38.

Guillén, Claudio. "Individuo y ejemplaridad en *El Abencerraje*." *Collected Studies in Honor of Américo Castro's Eightieth Year*. Ed. Marcel Paul Hornik. Oxford: The Lincombe Lodge Research Library, 1965. 175-97.

———. "Literature as Historical Contradiction: *El Abencerraje*, the Moorish Novel, and the Eclogue." *Literature as System: Essays Toward the Theory of Literary History*. Princeton: Princeton UP, 1971. 159-217.

Harvey, L. P. *Islamic Spain, 1250 to 1500*. Chicago and London: U of Chicago P, 1990.

———. *Muslims in Spain, 1500 to 1614*. Chicago and London: U of Chicago P, 2005.

Hernández-Pecoraro, Rosilie. "Jarifa's Choice: A Gendered Reading of *El Abencerraje y la hermosa Jarifa.*" *Bulletin of Spanish Studies: Hispanic Studies and Researches on Spain, Portugal, and Latin America.* 79 (2002): 429-46.

Holzinger, Walter. "The Militia of Love, War, and Virtue in the *Abencerraje y la hermosa Jarifa*: A Structural and Sociological Reassessment." *Revista canadiense de estudios hispánicos.* 2.3 (Primavera 1978): 227-38.

Irving, Washington. *Letters Volume II, 1823-1838.* Boston: Twayne, 1979.

Nepaulsingh, Colbert I. "*El Abencerraje* as a Converso Text." *Apples of Gold in Filigrees of Silver: Jewish Writing in the Eye of the Spanish Inquisition.* New York and London: Holmes and Meier, 1995. 83-101.

Shipley, George. "La obra literaria como monumento histórico: El caso de *El Abencerraje.*" *Journal of Hispanic Philology* 2 (1977): 103-20.

Smith, Colin. *Christians and Moors in Spain.* 2 vols. Warminster, England: Aris and Phillips, 1989.

El Abencerraje

ÉSTE ES UN VIVO retrato° de virtud, liberalidad,° esfuerço,   portrait, generosity
gentileza y lealtad, compuesto de Rodrigo de Narváez y el
Abencerraje y Jarifa,[1] su padre y el rey de Granada, del cual,
aunque los dos formaron y dibujaron todo el cuerpo, los
demás no dejaron de ilustrar la tabla y dar algunos rasguños   set
en ella.[2] Y como el precioso diamante engastado en oro o en
plata o en plomo siempre tiene su justo y cierto valor por los
'quilates de su oriente,° así la virtud en cualquier dañado   carats of its luster
subjeto que asiente,[3] resplandesce y muestra sus accidentes,°   properties
bien que la esencia y efecto della es como el grano que,
cayendo en la buena tierra, se acrescienta, y en la mala se
perdió.[4]

   Dice el cuento que en tiempo del infante° don Fernando,[5]   prince
que ganó a Antequera, fue un caballero que se llamó Rodri-

---

[1] López Estrada has noted in his Cátedra edition that Abindarráez
means "son of the Captain" and Jarifa means "the noble woman, beautiful
or precious" in Arabic, thus underscoring their nobility (1).

[2] **los dos formaron…** Both (Rodrigo and the Abencerraje) comprised
and were drawn into the whole body (of text), everyone else was not
excluded from the painting on the canvas and they too contributed some
sketches in it.

[3] **dañado sujeto…** *faulty subject in which it* (virtue) *is placed*

[4] **el grano que…** *the seed that grows when planted in good soil, and that is
lost when in bad soil*

[5] This prince will become Fernando I (1379-1416), King of Aragon. He
led the Christian forces that captured Antequera in 1410.

go de Narváez, notable en virtud y hechos de armas. Éste, peleando contra moros, hizo cosas de mucho esfuerço,° y particularmente en aquella empresa y guerra de Antequera

bravery

Antequera

hizo hechos dignos de perpetua memoria, sino que esta
5 nuestra España tiene en tan poco el esfuerço,° por serle tan
natural y ordinario,[6] que le paresce que cuanto se puede hacer
es poco; no como aquellos romanos y griegos, que al hombre
que se aventuraba° a morir una vez en toda la vida le hacían
en sus escriptos inmortal y 'le trasladaban °en las estrellas.
10   Hizo, pues, este caballero tanto en servicio de su ley° y
de su rey, que después de ganada la villa le hizo alcaide[7]
della para que, pues había sido tanta parte en ganalla, lo
fuese en defendella. Hízole también alcaide de Álora, de
suerte que 'tenía a cargo°ambas fuerças, repartiendo el
15 tiempo en ambas partes y acudiendo° siempre a la mayor
necesidad. 'Lo más ordinario° residía en Álora, y allí tenía
cincuenta 'escuderos, hijosdalgo a los gajes del rey° para la

esteem

risked

placed him
religious faith

was in charge o
coming to the ai
usually
noblemen in the
service of the k

---

[6] **por serle...** *for it comes so natural and is to be expected*
[7] "Alcaide" was the term for military governor. Typically they were
in charge of the castle which protected the town.

defensa y seguridad de la fuerça; y éste número nunca
faltaba, como los immortales del rey Darío,[8] que en muriendo

Álora y su castillo hoy

uno ponían otro en su lugar. Tenían todos ellos tanta fe y
fuerça en la virtud de su capitán, que ninguna empresa° se   task
5   les hacía difícil, y así no dejaban de ofender a sus enemigos
y defenderse dellos; y en todas las escaramuças° que   skirmishes
entraban salían vencedores, en lo cual ganaban honra y
provecho, de que andaban siempre ricos.

    Pues una noche, acabando de cenar, que hacía el tiempo
10   muy sosegado,° el alcaide dijo a todos ellos estas palabras: pleasant
"Parésceme, hijosdalgo, señores y hermanos míos, que
ninguna cosa despierta tanto los coraçones de los hombres
como el continuo ejercicio de las armas, porque con él 'se
cobra° experiencia en las proprias y se pierde miedo a las   one gains
15   ajenas. Y de esto no hay para que yo traya testigos de fuera,
porque vosotros sois verdaderos testimonios. Digo esto
porque han pasado muchos días que no hemos hecho cosa

---

[8] Darius was the King of Persia from 521-485? B.C. It was said that he
always maintained 10,000 men in his troops. He and his men are described
in Book VII of Herodotus.

'que nuestros nombres acresciente,° y sería dar yo mala cuenta de mí y de mi oficio si, teniendo a cargo tan virtuosa gente y valiente compañía, 'dejase pasar el tiempo en balde.° Parésceme, si os paresce, pues la claridad y seguridad de la noche 'nos convida,° que será bien dar a entender a nuestros enemigos que los valedores° de Álora no duermen. Yo os he dicho mi voluntad; hágase lo que os paresciere."

     °to increase our
     fame

     °let time waste
     away

     °invite us

     °defenders

Ellos respondieron que ordenase, que todos le seguirían. Y nombrando nueve dellos, 'los hizo armar;° y siendo armados, salieron por 'una puerta falsa° que la fortaleza tenía, por no ser sentidos,° porque la fortaleza 'quedase a buen recado.° Y yendo por su camino adelante, hallaron otro que se dividía en dos. El alcaide les dijo: "Ya podría ser que, yendo todos por este camino, se nos fuese la caça por este otro. Vosotros cinco os id por el uno, yo con estos cuatro me iré por el otro; y si acaso los unos toparen° enemigos que no basten a vencer, toque uno su cuerno,° y a la señal acudirán los otros en su ayuda."

     °he armed them

     °secret gateway

     °noticed, would

     remain secure

     °should encounter

     °horn

Yendo los cinco escuderos por su camino adelante hablando en diversas cosas, el uno dellos dijo: "Teneos,° compañeros, que o yo me engaño o viene gente."

     °stop

Y metiéndose entre una arboleda° que junto al camino se hacía, oyeron ruido. Y mirando con más atención, vieron venir por donde ellos iban un gentil° moro en un caballo ruano.° Él era grande de cuerpo y hermoso de rostro, y parescía muy bien a caballo. Traía vestida una marlota de carmesí y un albornoz de damasco del mismo color,[9] todo bordado° de oro y plata. Traía el braço derecho regaçado y

     °thicket

     °charming

     °roan

     °embroidered

---

[9] **una marlota...** *a long, crimson* (dark purple) *Arabic cloak and a Damascan burnoose of the same color*

labrada en él una hermosa dama,[10] y en la mano una gruesa
y hermosa 'lança de dos hierros.° Traía una darga° y   two-pointed lance,
cimitarra, y en la cabeça 'una toca tunecí° que, dándole   shield; Tunisian
muchas vueltas por ella,[11] le servía de hermosura y defensa   turban
de su persona. 'En este hábito° venía el moro mostrando   so dressed
'gentil continente° y cantando un cantar que él compuso en   charming demeanor
la dulce membrança° de sus amores que decía: memory

> Nascido en Granada,
> criado en Cártama,
> enamorado en Coín,
> frontero de Álora.

Aunque a la música faltaba el arte, no faltaba al moro
contentamiento; y como traía el coraçon enamorado, a todo
lo que decía daba buena gracia. Los escuderos,
transportados° en velle, erraron poco de dejalle pasar,[12] hasta   surprised
que dieron sobre él. Él, viéndose salteado, con ánimo gentil
'volvió por sí° y estuvo por ver lo que harían. Luego, de los   prepared himself
cinco escuderos los cuatro se apartaron, y el uno le
acometió;° mas como el moro 'sabía más de aquel menester,°   attacked, was a
de una lançada dio con él y con su caballo en el suelo.   more accomplish-
Visto esto, de los cuatro que quedaban, los tres le   ed fighter
acometieron, paresciéndoles muy fuerte; de manera que ya
contra el moro eran tres cristianos, que cada uno bastaba
para diez moros, y todos juntos no podían con éste solo. Allí
se vio en gran peligro porque se le quebró la lança y los

---

[10] **el braço...** *the right sleeve rolled up and sewn on it a picture of a beautiful lady*

[11] **dándole muchas...** *wrapping it around his head many times*

[12] **Erraron poco...** *they almost let him slip by them*

escuderos 'dábanle mucha prisa;° mas fingiendo que huía,   *were pressing*
puso las piernas a su caballo y arremetió al escudero que   *hard*
derribara;[13] y, como una ave, se colgó de la silla y le tomó su
lança, con la cual volvió a hacer rostro a sus enemigos, que le
iban siguiendo pensando que huía, y 'diose tan buena maña°   *he was skillfu*
que a poco rato tenía de los tres los dos en el suelo. El otro
que quedaba, viendo la necesidad de sus compañeros, tocó
el cuerno y fue a ayudallos. Aquí 'se trabó fuertemente la
escaramuça° porque ellos estaban afrontados° de ver que un   *the battle inter*
caballero les duraba tanto, y a él le iba más que la vida en   *fied; ashamed*
defenderse dellos. A esta hora diole uno de los dos escuderos
una lançada en un muslo que, a no ser el golpe en soslayo,[14]
se le pasara todo. Él, con rabia de verse herido, volvió por sí
y diole una lançada que dio con él y con su caballo muy mal
herido en tierra.

Rodrigo de Narváez, barruntando° la necesidad en que   *realizing*
sus compañeros estaban, atravesó el camino, y como traía
mejor caballo, se adelantó; y viendo la valentía del moro,
quedó espantado, porque de los cinco escuderos tenía los
cuatro en el suelo, y el otro casi al mismo punto. Él le dijo:
"Moro, vente a mí, y si tú me vences, yo te aseguro de los
demás."

Y començaron a trabar brava escaramuza, mas como el
alcaide venía de refresco, y el moro y su caballo estaban
heridos, dábale tanta prisa que no podía mantenerse; mas
viendo que en sola esta batalla le iba la vida y
contentamiento, dio una lançada a Rodrigo de Narváez que,
a no tomar el golpe en su darga, le hubiera muerto. Él, en

---

[13] **arremetió al escudero...** *attacked the squire that he had knocked off his horse*

[14] **a no ser...** *if the thrust had not glanced off*

rescibiendo el golpe, arremetió a él y diole una herida en el
braço derecho, y cerrando ° luego con él, le trabó a braços y,   closing in
sacándole de la silla, dio con él en el suelo. Y yendo sobre él,
le dijo: "Caballero, date por vencido; si no, matárte he."

5   "Matarme bien podrás," dijo el moro, "que en tu poder
me tienes, mas no podrá vencerme sino quien una vez me
venció."

El alcaide no paró en el misterio con que se decían estas
palabras, y usando en aquel punto de su acostumbrada
10   virtud, le ayudó a levantar, porque de la herida que diole el
escudero en el muslo y de la del braço, aunque no eran
grandes, y del gran cansancio y caída, quedó quebrantado;°   wounded
y tomando de los escuderos aparejo,[15] le ligó las heridas. Y
hecho esto le hizo subir en un caballo de un escudero, porque
15   el suyo estaba herido, y volvieron el camino de Álora. Y
yendo por él adelante hablando en la buena disposición y
valentía del moro, él dio un grande y profundo sospiro y
habló algunas palabras en algarabía,° que ninguno entendió.   Arabic dialect
Rodrigo de Narváez iba mirando 'su buen talle y   good looks and
20   disposición;° acordábasele de lo que le vio hacer, y parecíale   character; spirit
que tan gran tristeza en ánimo° tan fuerte no podía proceder
de sola la causa que allí parescía. Y por informarse dél, le
dijo: "Caballero, mirad que el prisionero que en la prisión
pierde el ánimo, aventura el derecho de la libertad. Mirad
25   que en la guerra los caballeros han de ganar y perder, porque
los más de sus trances están subjetos a la fortuna;[16] y paresce
flaqueza° que quien hasta aquí ha dado tan buena muestra   weakness
de su esfuerzo, la dé ahora tan mala. Si sospiráis del dolor de
las llagas,° a lugar vais donde seréis bien curado. Si os duele   wounds

---

[15] **tomando de...** *taking from his squires the necessary bandages*
[16] **los más de sus...** *most of their exploits are subject to fate*

la prisión, 'jornadas son de guerra° a que están subjectos   such are the ro
cuantos la siguen. Y si tenéis otro dolor secreto, fialde de mí,   of war
que yo os prometo como hijodalgo de hacer por remediarle
lo que en mí fuere."

El moro, levantando el rostro que en el suelo tenía, le
dijo: "¿Cómo os llamáis, caballero, que tanto sentimiento
mostráis de mi mal?"

Él le dijo: "A mí llaman Rodrigo de Narváez; soy alcaide
de Antequera y Álora."

El moro, 'tornando el semblante° algo alegre, le dijo: "Por   becoming
cierto ahora pierdo parte de mi queja,° pues ya que mi   anguish
fortuna me fue adversa, me puso en vuestras manos, que,
aunque nunca os vi sino ahora, gran noticia tengo de vuestra
virtud y experiencia de vuestro esfuerzo; y porque no os
parezca que el dolor de las heridas me hace sospirar, y
también porque me paresce que en vos cabe cualquier
secreto, 'mandad apartar° vuestros escuderos y hablaros he   send away
dos palabras."

El alcaide los hizo apartar y, quedando solos, el moro,
arrancando un gran sospiro, le dijo: "Rodrigo de Narváez,
alcaide tan nombrado de Álora, está atento a lo que te dijere
y verás si bastan los casos de mi fortuna a 'derribar un
coraçon° de un hombre captivo. A mí llaman Abindarráez 'el   to dishearten
moço,° a diferencia de un tío mío, hermano de mi padre, que   the younger
tiene el mismo nombre. Soy de los Abencerrajes de Granada,
de los cuales muchas veces habrás oído decir; y aunque me
bastaba la lástima presente sin acordar las pasadas, todavía
te quiero contar esto."

Hubo en Granada un 'linaje de caballeros° que llamaban   bloodline of nob
los Abencerrajes, que eran flor de todo aquel reino, porque   warriors
en gentileza de sus personas, buena gracia, disposición y

gran esfuerço hacían ventaja a todos los demás. Eran muy
estimados del rey y de todos los caballeros, y muy amados y
quistos[17] de la gente común. En todas las escaramuças que
entraban, salían vencedores; y en todos los regocijos° de — pageants
5 caballería se señalaban. Ellos inventaban las galas y los trajes.
De manera que se podía bien decir que en ejercicio de paz y
de guerra 'eran regla y ley° de todo el reino. Dícese que — they set the stan-
nunca hubo Abencerraje escaso° ni cobarde ni de mala — dard; stingy
disposición. No se tenía por Abencerraje el que no servía
10 dama, ni se tenía por dama la que no tenía Abencerraje por
servidor. Quiso la fortuna, enemiga de su bien, que de esta
excelencia cayesen de la manera que oirás.

El rey de Granada hizo a dos de estos caballeros, los que
mas valían, un notable e injusto agravio,° movido de falsa — offense
15 información que contra ellos tuvo. Y quísose decir, aunque yo
no lo creo, que estos dos, y a su instancia otros diez, 'se
conjuraron° de matar al rey y dividir el reino entre sí, — plotted
'vengando su injuria.° Esta conjuración, siendo verdadera o — avenging their dis-
falsa, fue descubierta, y por no escandalizar el rey el reino, — honor
20 que tanto los amaba, los hizo a todos una noche degollar,° — to behead
porque a dilatar° la injusticia, no fuera poderoso° de hacella. — to delay, able
Ofresciéronse al rey grandes rescates° por sus vidas, mas él — ransoms
aun escuchallo no quiso. Cuando la gente se vio sin esperança
de sus vidas, començó de nuevo a llorallos. Lloraban los
25 padres 'que los engendraron° y las madres que los parieron; — who begot them
llorábanlos las damas a quien servían y los caballeros con
quien se acompañaban. Y toda la gente común alçaba un tan
grande y continuo alarido° como si la ciudad se entrara de — wail
enemigos, de manera que si a prescio de lágrimas se hubieran
30 de   comprar   sus   vidas,   no   murieran   los   Aben-

---

[17] **Quistos** is the older form of **queridos**.

cerrajes tan miserablemente.

Ves aquí en lo que acabó tan 'esclarescido linaje° y tan illustrious line
principales caballeros como en él había. Considera cuánto
tarda la fortuna en subir un hombre, y cuán presto le
5 derriba;[18] cuánto tarda en crescer un árbol, y cuán presto va
al fuego; con cuánta dificultad se edifica una casa, y con
cuánta brevedad se quema. ¡Cuántos podrían escarmentar° learn a lesson
en las cabeças de estos desdichados,° pues tan sin culpa unfortunate m
'padecieron con público pregón,° siendo tantos y tales y sufffered publ
10 estando en el favor del mismo rey! Sus casas fueron
derribadas,° 'sus heredades enajenadas° y su nombre dado torn down, the
en el reino por traidor. Resultó de este infelice caso que property lost
ningún Abencerraje pudiese vivir en Granada, salvo mi
padre y un tío mío, que hallaron inocentes de este delicto,° crime
15 a condición que los hijos que les nasciesen enviasen a criar
fuera de la ciudad para que no volviesen a ella, y las hijas
casasen fuera del reino.

Granada hoy

Rodrigo de Narváez, que estaba mirando con cuánta
pasión le contaba su desdicha,° le dijo: "Por cierto, caballero, misfortunes
20 vuestro cuento es extraño, y la sinrazón° que a los injustice
Abencerrajes se hizo fue grande, porque no es de creer que

---

[18] **Cuán presto...** *how fast he is knocked down*

siendo ellos tales, cometiesen traición."

"Es como yo lo digo," dijo él. "Y aguardad más y veréis cómo desde allí todos los Abencerrajes deprendimos° a ser desdichados. Yo salí al mundo del vientre de mi madre, y por cumplir mi padre el mandamiento del rey, enviome a Cártama al alcaide que en ella estaba, con quien tenía estrecha amistad. Éste tenía una hija, casi de mi edad, a quien amaba más que a sí, porque allende° de ser sola y hermosísima, le costó la mujer, que murió de su parto.° Ésta y yo en nuestra niñez siempre nos tuvimos por hermanos porque así nos oíamos llamar. Nunca me acuerdo haber pasado hora que no estuviésemos juntos. Juntos nos criaron, juntos andábamos, juntos comíamos y bebíamos. Nascionos de esta conformidad un natural amor que fue siempre cresciendo con nuestras edades.

Acuérdome que entrando una siesta en la huerta que dicen de los jazmines,[19] la hallé sentada junto a la fuente, componiendo su hermosa cabeça.° Mirela, vencido de su hermosura, y me paresció a Salmacis, y dije entre mí: "¡Oh quién fuera Troco para aparescer ante esta hermosa diosa![20]

No sé cómo me pesó[21] de que fuese mi hermana; y no aguardando más, fuime a ella, y cuando me vio, con los braços abiertos me salió a rescebir, y sentándome junto a sí,

turned out

aside from

birth

hair

---

[19] **la huerta que…** *the garden called the Garden of Jasmins* (a type of olive shrub with beautiful red, yellow, and white flowers)

[20] Here Abindarráez is comparing himself to the mythological figure of Troco (the Spanish translation of Hermaphrodite) and, likewise, his beloved Jarifa to Salmacis. It was Salmacis who fell in love with Troco's beauty (son of Aphrodite and Hermes) in the myth while he was bathing in a pool of water. She asked the gods to fuse their two bodies together into one.

[21] **No sé cómo…** I cannot express how it weighed on me

me dijo: "Hermano, ¿cómo me dejaste tanto tiempo sola?"

Yo la respondí: "Señora mía, porque 'ha gran rato° que os   it has been a l
busco y nunca hallé quien me dijese donde estábades, hasta   time
que mi coraçón me lo dijo. Mas decidme ahora, '¿qué
5   certinidad tenéis vos° de que seamos hermanos?"   how certain a
"Yo," dijo ella, "no otra más del grande amor que te
tengo, y ver que todos nos llaman hermanos."

"Y si no lo fuéramos," dije yo, "¿quisiérasme tanto?"

"¿No ves," dijo ella, "que a no serlo, no nos dejara mi
10   padre andar siempre juntos y solos?"

"Pues si ese bien me habían de quitar," dije yo, "más
quiero el mal que tengo."

Entonces ella, 'encendiendo su hermoso rostro en color,[22]
me dijo: "¿Y que pierdes tú en que seamos hermanos?"
15   "Pierdo a mí y a vos," dije yo.

"Yo no te entiendo," dijo ella, "mas a mí me paresce que
sólo serlo nos obliga a amarnos naturalmente."

"A mí sola vuestra hermosura me obliga, que antes esa
hermandad paresce que me resfría° algunas veces."   dampens my s
20   Y con esto, bajando mis ojos 'de empacho° de lo que le   in embarrassm
dije, vila en las aguas de la fuente al proprio como ella era, de
suerte que dondequiera que volvía la cabeça, hallaba su
imagen, y en mis entrañas° la más verdadera. Y decíame yo   innermost bei
a mí mismo (y pesarame que alguno me lo oyera): "'Si yo me
25   anegase° ahora en esta fuente donde veo a mi señora,   if I should dro
¡cuánto más desculpado moriría yo que Narciso![23] Y si ella

---

[22]**encendiendo su...** her beautiful face flushing

[23] Here Abindarráez refers to the mythical Narcissus, who drowned
in a pool of water while contemplating his own beauty. López Estrada,
Adams, and Stark reference the version wherein Narcissus mourns the
death of his twin sister and while contemplating her beauty through his
own, he drowns.

me amase como yo la amo, ¡qué dichoso sería yo! Y si la
fortuna nos permitiese vivir siempre juntos, ¡qué sabrosa
vida sería la mía!"

Diciendo esto levanteme, y volviendo las manos a unos
5 jazmines de que la fuente estaba rodeada, 'mezclándolos con
arrayán, hice una hermosa guirnalda,[24] y poniéndola sobre
mi cabeça, me volví a ella coronado y vencido. Ella puso los
ojos en mí, a mi parescer más dulcemente que solía, y
quitándomela, la puso sobre su cabeça. Paresciome en aquel
10 punto más hermosa que Venus cuando salió al juicio de la
mançana,[25] y volviendo el rostro a mí, me dijo: "¿Qué te
paresce ahora de mí, Abindarráez?"

Yo la dije: "Parésceme que acabáis de vencer el mundo y
que os coronan por reina y señora dél."

15 Levantándose, me tomó por la mano y me dijo: "Si eso
fuera, hermano, no perdiérades vos nada."

Yo, sin la responder, la seguí hasta que salimos de la
huerta.

Esta engañosa vida trajimos mucho tiempo, hasta que ya
20 el amor, por vengarse de nosotros, nos 'descubrió la cautela,°   revealed the truth
que, como fuimos cresciendo en edad, ambos acabamos de
entender que no éramos hermanos. Ella no sé lo que sintió al
principio de sabello, mas yo nunca mayor contentamiento
recebí, aunque después acá lo he pagado bien. En el mismo
25 punto que fuimos certificados de esto, aquel amor limpio y
sano que nos teníamos se començó a dañar y se convirtió en

---

[24] **mezclándolas con arrayán...** *mixing them with myrtles* (white or
pinkish flowers from a shrub with evergreen leaves), *I arranged a beautiful
garland*

[25] This alludes to how mythological goddess Venus won a beauty
contest over Juno and Minerva and was rewarded the prize, an apple, by
Paris.

una rabiosa enfermedad que nos durará hasta la muerte.
Aquí no hubo primeros movimientos que excusar, porque el
principio de estos amores fue un gusto y deleite fundado
sobre bien, mas después 'no vino el mal por principios, sino
de golpe y todo junto.[26] Ya yo tenía mi contentamiento
puesto en ella y mi alma hecha a medida de la suya. Todo lo
que no veía en ella me parescía feo, escusado° y sin provecho   useless
en el mundo. Todo mi pensamiento era en ella. Ya en este
tiempo nuestros pasatiempos eran diferentes; ya yo la miraba
'con rescelo de ser sentido,° ya tenía envidia del sol que la   fearful of being
tocaba. Su presencia 'me lastimaba la vida,° y su ausencia 'me   ticed; profou
enflaquecía el coraçón.° Y de todo esto creo que no me debía   moved me;
nada porque me pagaba en la misma moneda. Quiso la   shriveled my l
fortuna, envidiosa de nuestra dulce vida, quitarnos este
contentamiento en la manera que oirás.

El rey de Granada, 'por mejorar en cargo° al alcaide de   to give a better
Cártama, enviole a mandar que luego dejase aquella fuerça   assignment
y se fuese a Coín, que es aquel 'lugar frontero° del vuestro,   bordering land
y que me dejase a mí en Cártama en poder del alcaide que a
ella viniese. Sabida esta desastrada nueva° por mi señora y   news
por mí, juzgad vos, si algún tiempo fuisteis enamorado, lo
que podríamos sentir. Juntámonos en un lugar secreto a
llorar nuestro apartamiento.° Yo la llamaba: "Señora mía,   separation
alma mía, solo bien mío," y otros dulces nombres que el
amor me enseñaba.

"Apartándose vuestra hermosura de mí, '¿ternéis alguna
vez memoria° de este vuestro captivo?"   will you have a
memory; cut o

Aquí las lágrimas y sospiros atajaban° las palabras. Yo,
esforçándome para decir más, 'malparía algunas razones

---

[26] **no vino el mal...** *the lovesickness did not build up gradually, but suddenly and all at once.*

turbadas[27] de que no me acuerdo porque mi señora llevó mi
memoria consigo. Pues, ¡quién os contase las lástimas que
ella hacía, aunque a mí siempre me parescían pocas! Decíame
mil dulces palabras que hasta ahora me suenan en las orejas;
y al fin, porque no nos sintiesen, despedímonos con muchas
lágrimas y solloços,° dejando cada uno al otro por prenda°   sobs
un abraçado, con un sospiro arrancado de las entrañas. Y   pledge of love
porque ella me vio en tanta necesidad y con señales de
muerte, me dijo: "Abindarráez, a mí se me sale el alma en
apartarme de ti; y porque siento de ti lo mismo, yo quiero ser
tuya hasta la muerte; tuyo es mi coraçón, tuya es mi vida, mi
honra y mi hacienda; y en testimonio de esto, llegada a Coín,
donde ahora voy con mi padre, en teniendo lugar de hablarte
o por ausencia o indisposición suya, que ya deseo, yo te
avisaré. Irás donde yo estuviere, y allí yo te daré lo que
solamente llevo conmigo, debajo de nombre de esposo, que
de otra suerte ni tu lealtad ni mi ser lo consentirían, que todo
lo demás muchos días ha que es tuyo."

Con esta promesa mi coraçón 'se sosegó algo,° y besela   was put a bit at
las manos por la merced° que me prometía.   ease; gift

Ellos se partieron otro día. Yo quedé como quien,
caminando 'por unas fragosas y ásperas montañas,[28] se le
eclipsa el sol. Comencé a sentir su ausencia ásperamente,
buscando falsos remedios contra ella. Miraba las ventanas
donde se solía poner, las aguas donde se bañaba, la cámara
en que dormía, el jardín donde 'reposaba la siesta.° Andaba   she used to nap
todas sus estaciones,° y en todas ellas hallaba representación   favorite spots
de mi fatiga. Verdad es que la esperança que me dio de
llamarme me sostenía, y con ella engañaba parte de mis

---

27 **malparía algunas...** *muttered some incomprehensible words*
28 **por unas fragosas...** *along some rough and rugged mountains*

trabajos, aunque algunas veces 'de vella alargar tanto[29] me causaba mayor pena y holgara que me dejara del todo desesperado, porque la desesperación fatiga hasta que se tiene por cierta, y la esperança hasta que se cumple el deseo.

Quiso mi ventura° que esta mañana mi señora me cumplió su palabra, enviándome a llamar con una criada suya, de quien se fiaba, porque su padre 'era partido° para Granada, llamado del rey, para volver luego. Yo, resuscitado con esta buena nueva, 'apercebime° y dejando venir la noche por salir más secreto, púseme en el hábito que me encontrastes por mostrar a mi señora el alegría de mi corazón; y por cierto no creyera yo que bastaran cient caballeros juntos a tenerme campo, porque traía mi señora conmigo; y si tú me venciste, no fue por esfuerzo, que no es posible, sino porque mi 'corta suerte° o la determinación del cielo quisieron 'atajarme tanto bien.° Así que considera tú, ahora en el fin de mis palabras, el bien que perdí y el mal que tengo. Yo iba de Cártama a Coín, breve jornada,° aunque el deseo la alargaba mucho, 'el más ufano° Abencerraje que nunca se vio. Iba a llamado de mi señora, a ver a mi señora, a gozar de mi señora y a casarme con mi señora. Véome ahora herido, captivo y vencido y lo que más siento, que 'el término y coyuntura de mi bien[30] se acaba esta noche. Déjame, pues, cristiano, consolar entre mis sospiros, y no los juzgues a flaqueza, pues lo fuera muy mayor tener ánimo para sufrir 'tan riguroso trance.°"

Rodrigo de Narváez quedó 'espantado y apiadado° del extraño acontescimiento del moro, y paresciéndole que para

luck

had left

I prepared mys

unluckiness
to limit my hap
piness
journey
the proudest

such bad luck
amazed and
touched

---

[29] **de verla alargar tanto...** *from seeing it* (hope) *wear thin* (from so much waiting)

[30] **el término y...** *the goal and outcome of my happiness*

negocio ninguna cosa le podría dañar más que la dilación,°   delay
le dijo:

"Abindarráez, quiero que veas que puede más mi virtud
que tu ruin fortuna. Si tú me prometes como caballero de
5   volver a mi prisión dentro de tercero dia, yo te daré libertad
para que sigas tu camino, 'porque me pesaría de atajarte tan
buena empresa."[31]

El moro, cuando lo oyó, se quiso de contento echar a sus
pies y le dijo: "Rodrigo de Narváez, si vos eso hacéis, habréis
10   hecho 'la mayor gentileza de coraçón[32] que nunca hombre
hizo, y a mí me daréis la vida. Y para lo que pedís, tomad de
mí la seguridad que quisiéredes, que yo lo cumpliré."

El alcaide llamó a sus escuderos y les dijo: "Señores, fiad°   trust
de mí este prisionero, que 'yo salgo fiador de su rescate."[33]

15   Ellos dijeron que 'ordenase a su voluntad.° Y tomando la   command them as
mano derecha entre las dos suyas al moro, le dijo: "¿Vos   he likes
prometeisme como caballero de volver a mi castillo de Álora
a ser mi prisionero dentro de tercero día?"

Él le dijo: "Sí prometo."

20   "Pues id con la buena ventura y si para vuestro negocio
tenéis necesidad de mi persona o de otra cosa alguna,
también se hará."

Y diciendo que se lo agradescía, se fue camino de Coín a
mucha priesa. Rodrigo de Narváez y sus escuderos se
25   volvieron a Álora hablando en la valentía y 'buena manera°   admirable de-
del moro.   meanor

Y con la priesa que el Abencerraje llevaba, no tardó mucho

---

[31] **porque me pesaría...** *because it would weigh on me to impede such a
worthy adventure.*

[32] **la mayor gentileza...** *the most noble, heartfelt gesture*

[33] **yo salgo fiador...** *I will guarantee his ransom*

en llegar a Coín. Yéndose derecho a la fortaleza, como le era
mandado, no paró hasta que halló una puerta que en ella
había, y deteniéndose allí, començó a reconocer° el campo   scan
por ver si había algo de que guardarse, y viendo que estaba
5   todo seguro, tocó en ella con 'el cuento de la lança,[34] que ésta
era la señal que le había dado la dueña. Luego ella misma le
abrió y le dijo: "'¿En qué os habéis detenido,° señor mío? Que   why have you
vuestra tardança nos ha puesto en gran confusión. Mi señora   layed
ha rato que os espera; apeaos° y subiréis donde está."   get down
10   Él se apeó° y puso su caballo en un lugar secreto que allí   dismounted
halló. Y dejando lança con su darga y cimitarra, llevándole la
dueña por la mano 'lo más paso° que pudo por no ser   as quietly
sentido de la gente del castillo, subió por una escalera hasta
llegar al aposento de la hermosa Jarifa, que así se llamaba la
15   dama. Ella, que ya había sentido su venida, con los braços
abiertos le salió a rescibir. Ambos se abraçaron sin hablarse
palabra del sobrado contentamiento. Y la dama le dijo: "¿En
qué os habéis detenido, señor mío? Que vuestra tardança me
ha puesto 'en gran congoja y sobresalto."[35]
20   "Mi señora," dijo él, "vos sabéis bien que por mi
negligencia no habrá sido, mas no siempre suceden las cosas
como los hombres desean."
Ella le tomó por la mano y le metió en una cámara°   room
secreta. Y sentándose sobre una cama que en ella había, le
25   dijo: "He querido, Abindarráez, que veáis en qué manera
cumplen las captivas de amor sus palabras, porque 'desde el
día que os la di por prenda de mi coraçón, he buscado

---

[34] **el cuento de...** *the haft* (handle) *of his lance*
[35] **en gran congoja...** *in great distress and frightfulness.*

aparejos para quitárosla.[36] Yo os mandé venir a este mi castillo a ser mi prisionero, como yo lo soy vuestra, y haceros señor de mi persona y de 'la hacienda de mi padre° debajo de   my father's estate
nombre de esposo, aunque esto, según entiendo, será muy
5   contra su voluntad, que como no tiene tanto conoscimiento de vuestro valor y experiencia de vuestra virtud como yo, quisiera darme marido más rico, mas yo vuestra persona y mi contentamiento tengo por la mayor riqueza del mundo."

Y diciendo esto, bajó la cabeça, mostrando un cierto
10   empacho° de haberse descubierto tanto. El moro la tomó   embarrassment
entre sus braços y besándola muchas veces las manos por la merced° que le hacía, la dijo: "Señora mía, en pago de tanto   gift
bien como me habéis ofrescido, no tengo que daros que no sea vuestro, sino sola esta prenda en señal que os rescibo por
15   mi señora y esposa."

Y llamando a la dueña, se desposaron.[37] Y siendo desposados, se acostaron en su cama, donde con la nueva experiencia encendieron más el fuego de sus coraçones. En esta conquista pasaron muy amorosas obras y palabras, que
20   son más para contemplación que para escritura.

Tras esto, al moro vino un profundo pensamiento, y dejando llevarse dél, dio un gran sospiro. La dama, no pudiendo sufrir tan grande ofensa de su hermosura y voluntad, con gran fuerça de amor le volvió a sí y le dijo:

---

[36] **desde el día...** *since the day I gave my heart to you, I have been looking for the means to take it back* (and hence share their love together).

[37] **se desposaron...** Darst interprets this as "they exchanged wedding vows." This seems to be the proper reading since afterwards, they begin a physical relationship. López Estrada notes that this type of secret marriage vow was valid until 1564. He also indicates that the exchange of wedding vows witnessed by a lady-in-waiting was common in books of chivalry.

¿Qué es esto, Abindarráez? Paresce que te has entristecido con mi alegría; yo te oyo sospirar revolviendo el cuerpo a todas partes. Pues si yo soy todo tu bien y contentamiento como me decías, ¿por quién sospiras? Y si no lo soy, ¿por qué me engañaste? Si has hallado alguna falta en mi persona, pon los ojos en mi voluntad, que basta 'para encubrir muchas.° Y si sirves otra dama, dime quién es para que la sirva yo. Y si tienes otro dolor secreto de que yo no soy ofendida, dímelo, que o yo moriré o te libraré dél."

    El Abencerraje, corrido° de lo que había hecho y paresciéndole que no declararse era ocasión de gran sospecha, con un apasionado sospiro la dijo: "Señora mía, si yo no os quisiera más que a mí, no hubiera hecho este sentimiento, porque el pesar° que comigo traía, sufríale con buen ánimo cuando iba por mí solo; mas ahora que me obliga a apartarme de vos, no tengo fuerças para sufrirle, y así entenderéis que mis sospiros se causan más de sobra de lealtad que de falta della; y porque no estéis más suspensa sin saber de qué, quiero deciros lo que pasa."

    Luego le contó todo lo que había sucedido, y al cabo la dijo: "De suerte, señora, que vuestro captivo lo es también del alcaide de Álora. Yo no siento la pena de la prisión, que vos enseñastes mi coraçón a sufrir, mas vivir sin vos tendría por la misma muerte."

    La dama con buen semblante le dijo: "'No te congojes,° Abindarráez, que yo tomo el remedio de tu rescate a mi cargo, 'porque a mí me cumple más.[38] Yo digo así: que cualquier caballero que diere la palabra de volver a la prisión, cumplirá con enviar el rescate que se le puede pedir. Y para esto ponedle vos mismo el nombre que quisiéredes,

margin notes:
- to conceal my defects
- startled
- anguish
- don't worry

---

[38] **porque a mí...** *because it concerns me greatly*

que yo tengo las llaves de las riquezas de mi padre; yo os las porné en vuestro poder. Enviad de todo ello lo que os paresciere. Rodrigo de Narváez es buen caballero y os dio una vez libertad y 'le fiastes este negocio[39] que le obliga ahora
5 a usar de mayor virtud. Yo creo que se contentará con esto, pues teniéndoos en su poder ha de hacer lo mismo."

El Abencerraje la respondió: "Bien paresce, señora mía, que lo mucho que me queréis no os deja que me aconsejéis bien; por cierto no caeré yo en tan gran yerro,° porque si   mistake
10 cuando venía a verme con vos, que iba por mí solo, estaba obligado a cumplir mi palabra, ahora que soy vuestro, se me ha doblado la obligación. Yo volveré a Álora y me porné en las manos del alcaide della y, tras hacer yo lo que debo, haga él lo que quisiere."

15 "Pues nunca Dios quiera," dijo Jarifa, "que yendo vos a ser preso, quede yo libre, pues no lo soy. Yo quiero acompañaros en esta jornada, que ni el amor que os tengo ni el miedo que he cobrado a mi padre de habelle ofendido, me consentirán hacer otra cosa."

20 El moro, llorando de contentamiento, la abraçó y le dijo: "'Siempre vais, señora mía, acrescentándome las mercedes.[40] Hágase lo que vos quisiéredes, que así lo quiero yo."

Y con este acuerdo, aparejando° lo necesario, 'otro día de   preparing
mañana° se partieron, llevando la dama el rostro cubierto   the next morning
25 por no ser conoscida.

Pues yendo por su camino adelante hablando en diversas cosas, toparon° un hombre viejo. La dama le preguntó dónde   they met
iba. Él la dijo: "Voy a Álora a negocios que tengo con el

---

[39] **le fiaste este negocio…**you confided in him about our affairs
[40] **Siempre vais,…** *My lady, you continue to shower favors upon me.* (Keller's translation)

alcaide della, que es el más honrado y virtuoso caballero que
yo jamás vi."

Jarifa 'se holgó mucho° de oír esto, paresciéndole que   was delighted
pues todos hallaban tanta virtud en este caballero, que
5   también la hallarían ellos, que tan necesitados estaban della.
Y volviendo al caminante, le dijo: "Decid, hermano: ¿sabéis
vos de ese caballero alguna cosa que haya hecho notable?"

"Muchas sé," dijo él, "mas contaros he una por donde
entenderéis todas las demás. Este caballero fue primero
10 alcaide de Antequera, y allí anduvo mucho tiempo
enamorado de una dama muy hermosa, en cuyo servicio
hizo mil gentilezas que son largas de contar; y aunque ella
conocía el valor de este caballero, amaba a su marido tanto
que hacía poco caso dél. Acontesció así, que un día de verano,
15 acabando de cenar, ella y su marido se bajaron a una huerta
que tenía dentro de casa; y él llevaba un gavilán° en la mano,   sparrow hawk
y lançándole a unos pájaros, ellos huyeron y fuéronse a
socorrer a una çarça;° y el gavilán, como astuto, 'tirando el   bramble
cuerpo afuera,⁴¹ metió la mano y sacó y mató muchos dellos.
20 El caballero le cebó° y volvió a la dama y la dijo: '¿Qué os   fed
paresce, señora, del astucia con que el gavilán encerró los
pájaros y los mató? Pues hágoos saber que cuando el alcaide
de Álora escaramuça con los moros, así los sigue y así los
mata.' "
25   Ella, fingiendo no le conoscer, le preguntó quién era.

"Es el más valiente y virtuoso caballero que yo hasta hoy
vi.

Y començó a 'hablar dél muy altamente,° tanto que a la   to praise him g[r]
dama le vino un cierto arrepentimiento° y dijo: "¡Pues cómo!   ly; regret
30 ¿Los hombres están enamorados de este caballero, 'y que no

---

⁴¹ **tirando el cuerpo afuera,**... *keeping its body outside* (the shrub)

lo esté yo dél, estándolo él de mí?[42] Por cierto yo estaré bien
disculpada° de lo que por él hiciere, pues mi marido me ha   free of guilt
informado de su derecho."

    Otro día adelante se ofresció que el marido fue fuera de la
5 ciudad, y no pudiendo la dama sufrirse en sí, envióle llamar
con una criada suya. Rodrigo de Narváez 'estuvo en poco de
tornarse loco de placer,° aunque no dio crédito a ello acordán-   was quite pleased
dosele de la aspereza° que siempre le había mostrado. Mas   harshness
con todo eso, 'a la hora concertada,[43] 'muy a recado° fue a ver   very secretly
10 la dama, que le estaba esperando en un lugar secreto, y allí ella
echó de ver el yerro° que había hecho y la vergüenza que   misjudgment
pasaba en requerir aquel de quien tanto tiempo había sido
requerida. Pensaba también en la fama que descubre todas las
cosas; temía la inconstancia de los hombres y la ofensa del
15 marido; y todos estos inconvenientes, como suelen, aprovecha-
ron de vencella más, y pasando por todos ellos, le rescibió
dulcemente y le metió en su cámara,° donde pasaron muy   bedroom
dulces palabras, y en fin dellas le dijo: "Señor Rodrigo de
Narváez, yo soy vuestra de aquí adelante, sin que en mi poder
20 quede cosa que no lo sea; y esto no lo agradezcáis a mí, que
todas vuestras pasiones y diligencias falsas o verdaderas os
aprovecharan poco conmigo, mas agradeceldo a mi marido,
que tales cosas me dijo de vos, que me han puesto en el estado
en que ahora estoy."

25   Tras esto le contó cuanto con su marido había pasado, y
al cabo le dijo: "Y cierto, señor, vos debéis a mi marido más
que él a vos."

    'Pudieron tanto estas palabras con Rodrigo de Narváez[44]

---

[42] **y que no...** *and I am not in love with him, him being in love with me?*
[43] **a la hora...** *at the agreed upon time*
[44] **Pudieron...** *These words made such an impact on Rodrigo de Narváez*

que le causaron confusión y arrepentimiento del mal que hacía a quien dél decía tantos bienes y apartándose afuera, dijo:

"Por cierto, señora, yo os quiero mucho y os querré de aquí adelante, mas nunca Dios quiera que a hombre que tan aficionadamente ha hablado en mí, haga yo tan cruel daño. Antes, de hoy más procuraré la honra de vuestro marido como la mía propria, pues en ninguna cosa le puedo pagar mejor el bien que de mí dijo."

Y sin aguardar más, se volvió por donde había venido. La dama debió de quedar burlada;° y cierto, señores, el caballero, a mi parescer, usó de gran virtud y valentía, pues 'venció su misma voluntad.[45]

El Abencerraje y su dama quedaron admirados° del cuento 'y alabándole mucho él dijo[46] que nunca mayor virtud había visto de hombre.

Ella respondió: "Por Dios, señor, yo no quisiera servidor° tan virtuoso, mas él debía estar poco enamorado, pues tan presto se salió afuera y pudo más con él la honra del marido que la hermosura de la mujer."

Y sobre esto dijo otras muy graciosas° palabras.

Luego llegaron a la fortaleza y llamando a la puerta, fue abierta por las guardas, que ya tenían noticia de lo pasado. Y yendo un hombre corriendo a llamar al alcaide, le dijo: "Señor, en el castillo está el moro que venciste, y trae consigo una gentil° dama."

Al alcaide 'diole el coraçón° lo que podía ser y bajó abajo. El Abencerraje, tomando su esposa de la mano, se fue a él y

---

[45] **venció...** *he conquered his own desires*

[46] **y alabándole mucho,...***and praising him* (Rodrigo) *greatly, the old man said*

le dijo: "Rodrigo de Narváez, mira si te cumplo bien mi
palabra, pues te prometí de traer un preso y te trayo dos, que
el uno basta para vencer otros muchos. Ves aquí mi señora;
juzga si he padescido° con justa causa. Rescíbenos por tuyos,   suffered
5 que yo fío mi señora y mi honra de ti."

Rodrigo de Narváez holgó mucho de vellos y dijo a la
dama: "Yo no sé cuál de vosotros debe más al otro, mas yo
debo mucho a los dos. Entrad y reposaréis° en esta vuestra   you will rest
casa; y tenelda de aquí adelante por tal, pues lo es su dueño."

10 Y con esto se fueron a un aposento que les estaba apareja-
do,[47] y de ahí a poco comieron, porque venían cansados del
camino. Y el alcaide preguntó al Abencerraje: "Señor, ¿qué
tal venís de las heridas?"

"Parésceme, señor, que con el camino las trayo encona-
15 das° y con algún dolor."   inflamed

La hermosa Jarifa muy alterada° dijo: "¿Qué es esto,   upset
señor? ¿Heridas tenéis vos de que yo no sepa?"

"Señora, quien escapó de las vuestras, en poco terná
otras. Verdad es que de la escaramuça de la otra noche saqué
20 dos pequeñas heridas, y el camino y no haberme curado me
habrán hecho algún daño."

"Bien será," dijo el alcaide, "que os acostéis y verná un
zirujano° que hay en el castillo."

Luego la hermosa Jarifa le començó a desnudar 'con
25 grande alteración;° y viniendo el maestro y viéndole, dijo   with great concern
que no era nada y con un urgüento° que le puso, le quitó el   ointment
dolor, y de allí a tres dias estuvo sano.

Un día acaeció° que, acabando de comer, el Abencerraje   it happened
dijo estas palabras: "Rodrigo de Narváez, según eres discre-
30 to, en la manera de nuestra venida entenderás lo demás. Yo

---

[47] **un aposento que…** *a room that was prepared for them*

tengo esperança que este negocio, que está tan dañado, se ha
de remediar por tus manos. Esta dueña° es la hermosa Jarifa,   lady
de quien te hube dicho es mi señora y mi esposa. No quiso
quedar en Coín de miedo de haber ofendido a su padre;
5   todavía se teme deste caso. Bien sé que por tu virtud te ama
el rey, aunque eres cristiano. 'Suplicote° alcances dél que nos   I implore you
perdone su padre por haber hecho esto sin que él lo supiese,
pues la fortuna lo trajo por este camino."

El alcaide les dijo: "Consolaos,° que yo os prometo de   relax
10   hacer en ello cuanto pudiere."

Y tomando tinta y papel escribió una carta al rey, que
decía así:

CARTA DE RODRIGO DE NARVÁEZ, ALCAIDE DE ÁLORA,
PARA EL REY DE GRANADA

15   *Muy alto °y muy poderoso rey de Granada:*   most esteemed

Rodrigo de Narváez, alcaide de Álora, tu servidor, beso
tus reales° manos y digo así: que el Abencerraje Abinda-   royal
rráez, el moço, que nasció en Granada y se crió en
Cártama en poder del alcaide della, se enamoró de la
20   hermosa Jarifa, su hija. Después tú, por hacer merced al
alcaide, le pasaste a Coín. Los enamorados por asegurar-
se se desposaron entre sí. Y llamado él por ausencia del
padre, que contigo tienes, yendo a su fortaleza, yo le
encontré en el camino, y en cierta escaramuça que con él
25   tuve, en que se mostró muy valiente, le gané por mi
prisionero. Y contándome su caso, apiadándome dél, le
hice libre por dos días. Él se fue a ver con su esposa, de
suerte   que   en   la   jornada   'perdió   la   libertad

y ganó el amiga.[48] Viendo ella que el Abencerraje volvía a mi prisión, se vino con él y así están ahora los dos en mi poder.

Suplícote que no te ofenda el nombre de Abencerraje, que yo sé que éste y su padre fueron sin culpa en la conjuración que contra tu real persona se hizo; y en testimonio dello viven. Suplico a 'tu real alteza° que el remedio de estos tristes se reparta entre ti y mí. Yo les perdonaré el rescate y les soltaré graciosamente;° sólo harás tú que el padre della los perdone 'y resciba en su gracia.[49] Y en esto cumplirás con tu grandeza y harás lo que della siempre esperé.

Escripta la carta, despachó° un escudero con ella, que llegado ante el rey se la dio; el cual, sabiendo cuya era, 'se holgó mucho,° que a este solo cristiano amaba por su virtud y buenas maneras.° Y como la leyó, volvió el rostro al alcaide de Coín, que allí estaba, y llamándole aparte le dijo: "Lee esta carta que es del alcaide de Álora."

Y leyéndola 'rescibió grande alteración.° El rey le dijo: "No te congojes,° aunque tengas por qué. Sábete que ninguna cosa me pedirá el alcaide de Álora que yo no lo haga. Y así te mando que vayas luego a Álora y te veas con él y perdones tus hijos y los lleves a tu casa, que, en pago de este servicio, a ellos y a ti haré siempre merced."

El moro lo sintió en el alma, mas viendo que 'no podía

Marginal glosses:
- your royal highness
- kindly
- he sent
- he was quite
- pleased; conduct
- he got very upset
- don't be upset

---

[48] **perdió la libertad...** This is a play on words. Abindarráez lost his freedom, but won something better (Jarifa). The use of "el" before "amiga" is an archaism from old Spanish.

[49] **y reciba...** *and receive them* (Jarifa and Abindarráez) *in his good graces.*

pasar el mandamiento del rey, volvió de buen continente[50] y
dijo que así lo haría, como su alteza lo mandaba. Y luego 'se
partió a° Álora, donde ya sabían del escudero todo lo que   he left for
había pasado y fue de todos rescibido con mucho regocijo°   celebration
5 y alegría. El Abencerraje y su hija parescieron ante él con
harta vergüença y le besaron las manos. Él los rescibió muy
bien y les dijo: "No se trate aquí de cosa pasada. Yo os
perdono haberos casado sin mi voluntad, que en lo demás,
vos, hija, escogistes mejor marido que yo os pudiera dar."

10   El alcaide todos aquellos días les hacía muchas fiestas; y
una noche, acabando de cenar en un jardín, les dijo: "'Yo
tengo en tanto haber sido parte[51] para que este negocio haya
venido a tan buen estado, que ninguna cosa me pudiera
hacer más contento; y así digo que sola la honra de haberos
15 tenido por mis prisioneros quiero por rescate de la prisión.
De hoy más, vos, señor Abindarráez, sois libre de mí para
hacer de vos lo que quisiéredes."

    Ellos le besaron las manos por la merced y bien que les
hacía; y 'otro día por la mañana° partieron de la fortaleza,   the next mornir
20 acompañándolos el alcaide parte del camino.

    Estando ya en Coín, gozando sosegada° y seguramente   peacefully
el bien que tanto habían deseado, el padre les dijo: "Hijos,
ahora que con mi voluntad sois señores de mi hacienda, es
justo que mostréis el agradescimiento que a Rodrigo de
25 Narváez se debe por la buena obra que os hizo, que no por
haber usado con vosotros de tanta gentileza° ha de perder su   nobility
rescate, antes le meresce muy mayor. Yo os quiero dar seis
mil 'doblas zahenes;° enviádselas, y tenelde de aquí adelante   doubloons

---

[50] **no podía pasar...** *he could not ignore the King's command, he calmed
down*

[51] **Yo tengo en tanto...** *I am honored to have contributed*

por amigo, aunque las leyes sean diferentes."[52]

Abindarráez le besó las manos, y tomándolas, con cuatro muy hermosos caballos y cuatro lanças con los hierros y cuentos de oro,[53] y otras cuatro dargas, las envió al alcaide de
5 Álora y le escribió así:

CARTA DEL ABENCERRAJE ABINDARRÁEZ AL ALCAIDE DE ÁLORA

Si piensas, Rodrigo de Narváez, que con darme libertad en tu castillo para venirme al mío me dejaste libre, engáñaste,° que cuando libertaste mi cuerpo, prendiste   *you are mistaken*
10 mi corazón. Las buenas obras prisiones son de los nobles coraçones. Y si tú, por alcançar honra y fama, acostumbras hacer bien a los que podrías destruir, yo, por parescer a aquellos donde vengo y no degenerar° de la alta   *to betray* sangre de los Abencerrajes, antes coger y meter en mis
15 venas toda la que dellos se vertió, estoy obligado a agradescello y servirlo. Rescibirás de ese 'breve presente°   *small gift* la voluntad de quien le envía, que es muy grande, y de mi Jarifa, otra tan limpia y leal que me contento yo della.

El alcaide tuvo en mucho la grandeza y curiosidad
20 del presente y rescibiendo dél los caballos y lanças y dargas, escribió a Jarifa así:

CARTA DEL ALCAIDE DE ÁLORA A LA HERMOSA JARIFA

Hermosa Jarifa:

No ha querido Abindarráez dejarme gozar del verdadero

---

[52] **aunque las leyes…** *even though you are from different religious faiths.*
[53] **lanças con los hierros…** *lances with points and hafts of gold*

triumpho de su prisión, que consiste en perdonar y hacer bien. Y como a mí en esta tierra nunca se me ofresció empresa° tan generosa ni tan digna de capitán español, quisiera gozalla toda y labrar della una estatua para mi posteridad y descendencia. Los caballos y armas rescibo yo para ayudalle a defender de sus enemigos. Y si en enviarme el oro se mostró caballero generoso, en rescibirlo yo paresciera 'cobdicioso mercader.° Yo os sirvo con ello en pago de la merced que me hecistes en serviros de mí en mi castillo. Y también, señora, yo no acostumbro robar damas, sino servirlas y honrallas.

Y con esto les volvió a enviar las doblas. Jarifa las rescibió y dijo: "Quien pensare vencer a Rodrigo de Narváez de armas y cortesía, pensará mal."

De esta manera quedaron los unos de los otros muy satisfechos y contentos y trabados° con tan estrecha amistad, que les duró toda la vida.

IMPRESO EN LA NOBLE
VILLA DE MEDINA DEL CAMPO,
POR FRANCISCO DEL CANTO
AÑO MDLXV

[margin glosses:] enterprise · greedy merch. · united

Spanish-English Glossary

A

acaecer to occur, to happen
accidentes properties
acometer to engage, to attack
acontecer to happen
acontecimiento event
acrescentar to grow, to increase
acudir to come to the aid of
admirado impressed
afrontado ashamed
agradecer to thank
agravio offense
aguardar to wait for
ajena other, of another
alabar to praise
alarido shriek, cry of anguish
albornoz long cape with a hood
alcaide military governor
allende aside from
alterada upset
alto noble
alzar to cry out
anegar to drown
ánimo spirit
aparejar to prepare
aparejo the necessary item
apartamiento separation
apear to get off, to dismount

apercibir to prepare
apiadado touched
aposento room
arboleda thicket
arma weapon
armarse to arm oneself
arrayán myrtle
arremeter to attach, to charge
arrepentimiento regret
ásperamente roughly, harshly, gruffly
aspereza harshness
atajar to cut short
atravesar to cross
aventurarse to risk oneself

B

barruntado realizing
bordado embroidered
burlado deceived

C

caballero nobleman, knight
caballo horse
cámara room
camino path
cantar song
cargo assignment
carmesí crimson

cautela caution
cautivo captive, prisoner
caza hunt, prey
cebar to feed
cimitarra scimitar, a short curved sword
cirujano doctor
cobrar to gain
codicioso greedy
congojarse to feel anguish
congojo distress
conjuración plot, plan
conjurar to plot
consolar to rest easy, to relax
contentamiento happiness
continente bearing, demeanor
convidar to invite
corazón heart
corrido startled
criado/a servant
criar to be brought up, to rear
cuento haft
cuerno horn, bugle

D
dama lady
darga shield
degenerar to betray
degollar to behead
deleite pleasure
delito crime
deprender to learn
derribar to knock down
despachar to send

dichoso lucky
digno worthy
dilación delay
dilatar to delay
doblas doubloons
dueña lady

E
ejercicio practice
empacho embarassment
empresa enterprise, task
enconado inflamed
encubrir to conceal
enflaquecer to weaken
engañar to deceive
engastado encrusted
engendrar to beget, to be the father of
escalera staircase
escaramuza skirmish, battle
escaramuzar to engage in battle
escarmentar to teach a lesson
escaso stingy
esclarescido illustrious
escuderos squires
esfuerzo bravery, skill, esteem
esperanza hope
estaciones places, spots (from **estar**)
estrellas stars
excusado useless

F
fe faith, trust

fiar to confide, to trust
fingir to pretend
flaqueza weakness
fortaleza fortress
fortuna fate, luck
frontero on the frontier or border
fuente fountain
fuerza fortress, conviction

G
gaje royal servant
galas beautiful clothes
gavilán sparrow hawk
gentil charming
gentileza nobility
graciosamente kindly
grano grain or seed
guirnalda garland

H
hábito manner of dress
hacienda estate
herida wound
herido wounded
hijosdalgo noblemen
holgarse to be pleased
honra fame, reputation
huerta orchard, garden
huir to flee

I
infante prince

J
jazmin jasmin
jornada journey

L
lanza lance
lastimar to injure
lealtad loyalty
ley religious creed or faith
liberalidad generousity
ligar to bind, to dress one's wounds
linaje lineage, family
llagas wounds

M
marlota cloak
mejorar to improve
membranza memory
mercader merchant
merced gift, honorable gesture

N
nueva news

O
ofender attack
oficio job, position
ordinario expected
oriente luster

P
padecer to suffer
partir to leave

pesar anguish
plata silver
plomo lead
poder power
prenda pledge
prender to capture
presto quickly
proprio own
provecho profit

Q
quebrantado wounded
quebrar to break
quilates carats

R
rasguños sketches
real royal
reconocer to scan
regazado rolled up
regocijo pageant, celebration
reino kingdom
remediar to solve, to repair
remedio solution
repartir to divide
reposar to rest, to relax
rescate ransom
resfriar to cool
residir to reside, to live
resplandece shines
retrato portrait
rostro face
ruano roan

S
seguro safe
sentido noticed, heard
sentimiento concern
señal signal
señalarse to stand out
servidor suitor
sinrazón injustice
sobrado extreme
sobresalto great scare
sollozos sobs
sosegado pleasant
sosegar to calm
suceder to happen, to occur
suelo ground
suplicar to beg, to implore, to beseech
sospiro sigh

T
tabla canvas
talle size, physical stature
tardar to take (in time)
tenerse to stop, to halt
testigo witness
tinta ink
toca turban
topar to run into, to encounter
trabado united
trabar to grasp, to seize
trance exploit
transportado surprised
tunesí Tunisian

U
ufano proud
ungüento ointment

V
valedor defender
vencedor victor
vencer to defeat
ventura luck
vergüenza embarassment

verter to spill
vientre belly, womb
virtud virtue
voluntad will

Y
yerro mistake

Z
zarza bramble

CPSIA information can be obtained
at www.ICGtesting.com
Printed in the USA
FSHW021424021121
85925FS